AF284876

Kambodscha

lieben lernen

Der perfekte Reiseführer für einen unvergesslichen Aufenthalt in Kambodscha inkl. Insider-Tipps und Packliste

Birgit Deckert

✈ INHALT

Das erwartet Sie in diesem Buch

In diesem Buch wird Kambodscha aus Sicht einer reisefreudigen Person vorgestellt, welche das Land kennen und lieben gelernt hat. Es wird eine konkrete Reiseroute beschrieben, die die Sehenswürdigkeiten, die Schönheit des Landes, jedoch auch kleine Schwierigkeiten, mit denen man zu kämpfen haben könnte, darstellt. Es werden einige Tipps und wissenswerte Informationen gegeben, welche die Reise durch Kambodscha noch schöner und unvergesslich machen. Auch Tipps, welche man vorab beachten sollte, werden genannt, um den Beginn der Reise perfekt zu machen. Ebenso wird über die Geschichte Kambodschas berichtet, um das Land und die Menschen, welche dort leben, besser verstehen zu können. Ich hoffe, Sie bekommen einen guten Ein-druck von der Geschichte, den Menschen, der Natur und der Kultur des Landes.

Kleiner Überblick

Kambodscha ist eines der Länder in Südostasien. Es liegt am Golf von Thailand und wird von Thailand, Laos und Vietnam umgeben, weshalb das Land auch oft in Verbindung mit diesen Ländern bereist wird. Die Amtssprache in Kambodscha ist Khmer, jedoch werden auch Sprachen wie Vietnamesisch, Chinesisch, Cham und einige weitere Minderheitensprachen im Alltag gesprochen. Die Hauptstadt des Königreiches Kambodscha liegt im Süden des Landes und heißt Phnom Penh. Sie ist das wirtschaftliche Zentrum des Landes und mit rund 1,3 beziehungsweise 2,9 Millionen

Menschen, wenn man das Umland miteinbezieht, die größte Stadt des Landes. Das Königreich zählt auch heute noch zu einem der ärmsten Länder in Südostasien und ist trotz krisengebeutelter Vergangenheit ein beliebtes Reiseziel. Mit einer Einwohnerzahl von circa 14,5 Millionen Menschen auf einer Fläche von 181.040 Quadratkilometern entspricht das etwa der halben Fläche Deutschlands mit rund einem Fünftel der Bevölkerung. In Kambodscha werden US-Dollar und Kambodschanische Riel (KHR) im Alltag parallel verwendet und in beiden Währungen kann man bezahlen. Alles, was kleiner als ein Dollar ist, wird in Riel gerechnet, bezahlt und auch herausgegeben. Manchmal kann man, gerade in einheimischen Restaurants und auf Märkten, nur mit Riel zahlen, weshalb es sich lohnt, ein wenig der einheimischen Währung bei sich zu tragen.

Reiseroute

Im Folgenden wird eine Reiseroute vorgestellt, welche einen Zeitraum von achtzehn Tagen umfasst. Je nach Wünschen, was man sehen und erleben möchte, kann dieser Zeitraum, dem persönlichem Bedarf entsprechend, angepasst werden. Entweder wird der Aufenthalt in Kambodscha um ein paar Tage verlängert, um zum Beispiel ein wenig mehr Entspannung in die Reise zu bekommen, oder auch verkürzt, falls man beispielsweise Kambodscha im Rahmen einer Asien-Reise besuchen möchte und schlicht und ergreifend nicht so viel Zeit mitbringt.

PHNOM PENH

Tag 1

Die Reise nach Kambodscha beginnt, in meinem Fall, im Süden Deutschlands. Von dort aus ging es nach Zürich auf den Flughafen und via Bangkok nach Kambodscha.

Unsere Ankunft war in Phnom Penh, der Hauptstadt Kambodschas mit 1,3 Millionen Einwohnern und einer Fläche von 180.040 Quadratkilometern. Am Flughafen angekommen, erwartete uns eine Temperatur von 38 Grad Celsius und eine tropische Luftfeuchtigkeit. Was uns leider nicht erwartete, waren zwei unserer Koffer, da diese, wie wir erfahren mussten, noch in Bangkok geblieben sind und bedauerlicherweise nicht rechtzeitig in den Flieger nach Kambodscha verfrachtet wurden.

Da sich an dieser Tatsache nichts ändern ließ, beschlossen wir, unsere Unterkunft aufzusuchen, welche wir schon im Voraus gebucht hatten. Um zu unserer Unterkunft zu gelangen, nahmen wir uns ein Tuk Tuk und fuhren über eine vierspurige Straße zwischen Autos und zahlreichen Motorrädern eine Dreiviertelstunde lang, bis wir an einem Haus, umgeben von zahlreichen Pflanzen, ankamen. Unsere

Unterkunft war ein kleines Hotel im Stadtzentrum. Der eine Koffer, den wir besaßen, wurde uns freundlicherweise direkt abgenommen und wir wurden zur Rezeption begleitet. Mit einem Erfrischungsgetränk in der Hand gaben wir der Rezeptionistin unsere Daten und sie brachte uns zu unserem Zimmer. Ebenfalls schilderten wir unser Problem mit den zwei Koffern, welche nicht angekommen waren, woraufhin sie einige Telefonate mit dem Flug-hafen führte.

Währenddessen begutachteten wir unser Hotel und begaben uns auf die Dachterrasse, welche mit einem Pool und einer wahnsinnigen Aussicht über Phnom Penh bestach. Da wir leider nicht im Besitz von geeigneter Bekleidung für den Pool waren, genossen wir lediglich den Aus-blick.

Um den Tag nicht komplett ungenutzt zu lassen, begaben wir uns, trotz Kleidung, welche e-her auf Europa als auf Asien eingestellt war, auf die Straßen Phnom Penhs und machten uns einen ersten Eindruck von der Stadt. Da vor unserem Hotel einige Tuk Tuks standen, beschlossen wir, eines von ihnen zu nehmen und uns zu einem naheliegenden Restaurant bringen zu lassen, da wir von der ganzen Reise ziemlich hungrig waren. Das Angebot war vielfältig und so wurde jeder satt. Nachdem wir gezahlt hatten, suchten wir einen kleinen Supermarkt auf, um uns mit ein wenig Wasser und ein paar kleinen Snacks zu versorgen.

Unser Heimweg führte uns entlang des Tonle Saps direkt zu unserem Hotel, in welchem unsere Koffer leider immer noch nicht angekommen waren.

Es war spät geworden und durch den Jetlag waren wir alle ganz erschöpft. Gerade als wir beschlossen hatten schlafen zu gehen, klingelte unser Telefon im Zimmer und uns erreichte die freudige Nachricht, dass unsere Koffer eingetroffen waren. Mit dieser Nachricht hatte an dem Tag keiner mehr von uns gerechnet.

Tag 2

Am nächsten Morgen besprachen wir unseren heutigen Tagesablauf und machten uns nach einem kleinen Frühstück auf den Weg. Auch an diesem Tag bevorzugten wir als Transportmittel ein Tuk Tuk und handelten mit dem Fahrer einen Preis für unser Ziel aus.

Unsere heutige Route führte uns zu den Killing Fields, welche sowohl ein großes Grab der Opfer des Aufstandes von 1975 bis 1978 unter der Leitung des Anführers Pol Pot als auch eine Gedenkstätte und ein Mahnmal sind. Ein Bürgerkrieg zwischen der Khmer-Republik in Verbindung mit den Vereinigten Staaten und der Republik Vietnam und der Vereinigten Nationalfront von Kampuchea in Verbindung mit den Roten Khmer, Nordvietnam und FNL. Den Sieg errangen dabei die Roten Khmer.

Der Besuch dieser Killing Fields ist ein absolutes Muss, wenn man Kambodscha besucht, da es an die Geschichte Kambodschas erinnert, ein Ereignis, was noch nicht allzu lange her ist und bei welchem ungefähr 2 Millionen Menschen ermordet und 750.000 verwundet wurden und welches der Menschheit als Mahnung dienen soll. Auf dieses Ereignis gehe ich im weiteren Verlauf genauer ein.

Am Eingang der Killing Fields kann man sich einen Audioguide ausleihen, welcher sich auf viele verschiedene Sprachen einstellen lässt, darunter auch Deutsch. Das Areal ist weitläufig und besitzt mehrere Stationen, welche mit Zahlen gekennzeichnet sind und einen durch das gesamte Gelände führen. An jeder dieser Stationen gibt es über den Audioguide eine Sequenz, welche er-klärt, was der Betrachter gerade sieht. Die Kombination aus dem was man sieht und dem was die Stimme des Audio-guides einem erzählt, kann ziemlich belastend sein, damit muss man bei diesem Tagesziel rechnen. Je-doch ist das alles sehr interessant, gerade, weil das Ereignis noch nicht lange zurückliegt und man sich somit fragt, ob das oder etwas Ähnliches heute auch bei uns geschehen könnte.

Dieser Ausflug füllte bei uns mit Hin- und Rück-fahrt ein paar Stunden und war somit der Hauptpro-grammpunkt des Tages.

Im Anschluss gingen wir in der Nähe eine Klei-nigkeit essen und trinken und unterhielten uns mit ein paar Einheimischen. Bei diesem Gespräch muss-ten wir leider erfahren, dass es den meisten Einhei-mischen nicht möglich ist, sich den Preis für den Ein-tritt der Killing Fields zu leisten, was viele Menschen belastet, da das einer der wenigen Orte ist, an wel-chem sie eine Art Gedenk-stätte für ihre ermordeten Verwandten haben.

Zurück in unserer Unterkunft planten wir unse-ren restlichen Tag und buchten für den nächsten

Morgen einen Kochkurs. Für diesen Abend beschlossen wir, einen Nachtmarkt aufzusuchen und machten uns zu Fuß auf die Suche. Auf dem Weg dorthin, welchen wir nur mit Hilfe von Passanten gefunden haben, erlebten wir einige interessante Dinge. Auf einem großen Platz, nicht weit entfernt von unserer Unterkunft, versammelten sich nach und nach zahlreiche Menschen und tanzten eine Art Flashmob, jeder von ihnen schien den Tanz, den alle mitmachten, zu können, fast als wäre es ein Tanz eines in Kambodscha bekannten Videos. Zudem erlebten wir, wie uns eine kleine Gruppe von Menschen den Weg zu dem Nachtmarkt zeigte, und zwar nicht, indem sie uns den Weg beschrieben, sondern dadurch, dass sie vor uns hergelaufen sind.

Auf dem Nachtmarkt nahmen wir an diesem Abend unser Abendessen zu uns und gesellten uns mit einem Reisgericht und einem Mango-Lassi dazu, auf den mit Teppichen ausgelegten Bo-den. Da es bereits spät war, und alles außer den Essensständen schon geschlossen hatte, beschlossen wir, den Tag an dieser Stelle zu beenden, und an einem anderen Tag erneut den Markt zu besuchen. Unseren Heimweg traten wir erneut mit einem Tuk Tuk an.

Tag 3

Unser dritter Tag begann damit, dass wir mit einem Minibus von dem Leiter unseres heutigen Kochkurses abgeholt wurden. Wir stoppten auf dem Weg zu einem lokalen Markt bei einem an-deren Hotel und bekamen Zuwachs für unsere Gruppe. Sowohl drei weitere Gruppenmitglieder als auch ein japanisches Fernsehteam stiegen zu uns in den Minibus. Wir wurden nach unserer Einwilligung, in einer japanischen Fernsehshow aufzutauchen gefragt und fuhren im Folgenden zu besagtem Markt. Ein Markt in Kambodscha hat mit einem in Deutschland nur wenig gemein-sam. Der Markt, den wir besuchten, erstreckte sich über eine Fläche, welche zunächst nicht zu überblicken war. Das Angebot unterscheidet sich ebenfalls, wie in jedem asiatischen Land, eindeutig von dem, was man von deutschen Märkten gewohnt ist. Zwischen Obst und Gemüse entdeckten wir Skorpione, zahlreiche unterschiedliche Käfer und auch Plastikschüsseln mit Aalen und Rochen darin. Uns wurde empfohlen, unsere Taschen geschlossen zu halten, da es an manchen Ständen so genannte fliegende Fische gab, welche ab und an ungewollt in Taschen von Kun-den landeten. In manchen Bereichen traf man auf Lautstärke, Geräusche und Gerüche, welche man so in europäischen Ländern nicht gewohnt ist. Auch freilaufende Hühner und Schweine waren kein seltener Anblick.

Unser Kursleiter kaufte ein paar lokale Lebensmittel ein und erklärte uns einiges über die einheimischen Lebensmittel und wofür sie verwendet werden. All dies wurde stets begleitet von dem japanischen Fernsehteam und dessen Moderator, welcher als eine Art Mutprobe einen Käfer aß.

An diesem Nachmittag standen drei Gerichte auf dem Speiseplan. Als Vorspeise waren Reispapierrollen geplant, welche mit Reisnudeln, Gemüse und wahlweise Garnelen gefüllt wurden. Als Hauptgang gab es ein Rezept für ein Gericht namens Khmer Amok, ein Currygericht, welches in unserem Fall mit Fisch zubereitet wurde und als ein Nationalgericht in Kambodscha gilt. Der Nachtisch entpuppte sich als mein Favorit des Tages. Dabei handelte es sich um eine kleine Baby-banane, welche in einem Bananenblatt, bestrichen mit Kokosmilch und gefüllt mit einem speziellen Reis, frittiert wurde.

An diesem Tag waren all das Gerichte, welche man, sobald man einen Laden gefunden hat, der diese Lebensmittel führt, einfach auch selbst zu Hause machen kann. Der Kochkurs war ein Erlebnis, welches ich jedem empfehlen würde, der eine Reise nach Kambodscha plant, vor allem, da Kambodscha eine andere Küche, im Vergleich zu einigen asiatischen Ländern wie Thailand oder Vietnam hat. Es wird weniger gewürzt, die Gerichte sind simpler und stehen unter dem Ein-fluss ihrer Nachbarländer.

SIEM REAP

Tag 4

An Tag 4 unserer Reise stand die Fahrt nach Siem Reap an, welche wir einen Tag zuvor an der Rezeption gebucht hatten. Dabei wurden wir zunächst mit einem Minibus zu einer Bushaltestelle gebracht und sind anschließend mit einem etwas größeren, kambodschanischen Reisebus weitergefahren. Die Fahrt dauerte circa 3 Stunden, wobei wir nach der Hälfte einen kleinen Zwischenstopp machten und die Möglichkeit hatten, etwas zu essen und zu trinken zu kaufen.

In Siam Reap angekommen, gab es direkt an unserer Bushaltestelle Möglichkeiten, unsere

Weiterreise zu unserer Unterkunft anzutreten.

In unserer Unterkunft angekommen, beschlossen wir den restlichen Tag, welcher ohnehin nicht mehr lang war, am Pool des lokal typischen Hotels zu verbringen und am Abend lediglich einen Ausflug in den Stadtkern zu machen.

Wir wählten wie üblich das Tuk Tuk als Transportmittel, um in die Stadt zu gelangen. In Siam Reap ist im Vergleich zu Phnom Penh abends viel mehr los, was unter anderem durch die so genannte Pub Street kommt, welche als Hotspot für abendliche Aktivitäten gilt. Auch wir stürzten uns ein wenig in das Getümmel und schlenderten über einen großen Nachtmarkt, welcher einiges zu bieten hatte und auf welchem auch wir fündig wurden. Im Anschluss begaben auch wir uns auf die Pub Street und nahmen in einer kleinen Bar noch ein Getränk zu uns.

Da wir für den nächsten Tag einen Tagesausflug nach Angkor Wat geplant hatten, endete unserer hier und wir fuhren wieder zurück, um für den nächsten Tag genug Energie zu haben.

Tag 5

Unser fünfter Tag startete für uns recht früh, da man für die Tempelstadt Angkor Wat auf je-den Fall, falls man die Zeit mitbringt, mehrere Tage einplanen sollte. Wir haben unserem Fahrer gesagt, dass wir noch Tickets brauchen und so setzte er uns an der Verkaufsstelle ab, wartete dort und fuhr uns dann zu der riesigen Tempelanlage.

Auch dort boten sich zahlreiche Fahrer an, die die Touristen mit Tuk Tuks von Tempel zu Tempel fuhren, da die Entfernungen in Angkor Wat viel zu groß sind, um diese Distanzen zu Fuß zu bewältigen und es auch mit Fahrer schon fast unmöglich ist, in kurzer Zeit alle Tempel zu sehen.

Jene Tempel, welche wir an diesem Tag besuch-ten, waren unter anderem der Bayon Tempel, der Ta Prohm, der Banteay und viele weitere. Wichtig zu er-wähnen ist, dass es eine gewisse Kleiderordnung gibt, welche aus Respekt gegenüber der kambod-schanischen Religion und Kultur zu bewahren ist. Bei dieser Ordnung geht es darum, seine Schultern zu bedecken und Kleidung zu tragen, welche über das Knie geht. Dieser Dresscode ist für jeden Tempel in Kambodscha üblich. Durch die Hitze ist der

Besuch der Anlage nach einiger Zeit ziemlich anstrengend, weshalb wir über die zahlreichen Möglichkeiten, etwas zu essen und zu trinken zu uns zu nehmen, froh waren.

In einigen Tempeln gibt es die Möglichkeit, ein religiöses Ritual durchzuführen, wie zum Bei-spiel ein Weihrauchstäbchen anzuzünden sowie Personen, die die Tempel bewachen, und den Touristen in allerlei Hinsichten zu helfen. Bei manchen Tempeln benötigten wir eine Stunde, um diese komplett einzusehen, auch bei solchen Tempeln stehen entweder Personen oder Schilder zur Verfügung, um den Überblick nicht zu verlieren. Viele Tempel besitzen eine Art Eingang und Ausgang wobei es von Vorteil ist, seinen Fahrer zu bitten, auf der anderen Seite des Tempels zu warten, da dies einige Zeit erspart. Zeitersparnis ist von Vorteil, denn die Tempelanlage schließt bereits gegen Nachmittag.

Aus diesem Grund ließen wir uns zurück in unsere Unterkunft fahren. Wir erfrischten uns al-le noch ein wenig und suchten ein Restaurant über TripAdvisor heraus. Wie sich herausstellte war das eine der besten Ideen, die wir hatten. Das Restaurant gehörte einem Schweizer Paar, welches sich dazu entschlossen hatte, nach Kambodscha auszuwandern und dort ein Restaurant aufzumachen. Das Essen war grandios, doch noch viel besser gefiel uns der Hintergrund des Restaurants. Wie uns der Inhaber erzählte, haben Jugendliche, welche noch keine Ausbildung angefangen haben und über 18 Jahre alt sind, nahezu keine Chance etwas aus ihrem Leben zu machen, da sie schlicht und ergreifend nicht die Chance dazu bekommen. Aus dem Grund stellte der Schweizer sein Team ausschließlich aus über 18jährigen zusammen und ermöglicht diesen jungen Menschen eine Ausbildung in der Gastronomiebranche. Der Service als auch das Essen waren ausgezeichnet dort. Es wurde mit regionalen und frischen Produkten gekocht und jeder Einzelne in dem Restaurant wusste über die Inhaltsstoffe jedes Gerichts Bescheid. Wie wir erfuhren, bekamen die Angestellten, welche nach der Ausbildung nicht weiter in dem Restaurant arbeiteten, meist zahlreiche Angebote von renommierten Gastronomiebetrieben und verdienten für die Verhältnisse in Kambodscha überdurchschnittlich gut. Die Preise dort waren nicht viel teurer als in jedem anderen einheimischen Imbiss und so konnten wir uns so viel bestellen, bis wir das

Ge-fühl hatten zu platzen. Im Anschluss an die Unterhaltung und das leckere Essen fuhren wir in unsere Unterkunft zurück, da wir am nächsten Morgen schon gegen fünf Uhr an dem Angkor-Tempel sein wollten, um den Sonnenaufgang zu beobachten.

Tag 6

Dieser Tag begann wie bereits erwähnt früh am Morgen, um genau zu sein um 4 Uhr in der Früh. Diese Uhrzeit ist normalerweise keine Uhrzeit für uns, doch es sollte sich, wie sich nur kurze Zeit später herausstellte, lohnen. Wie üblich brachte uns ein zuvor gebuchter Guide mit einem Tuk Tuk nach Angkor Wat. Wir wurden direkt an dem berühmten Angkor-Tempel herausgelassen und stellten fest, dass wir nicht die Einzigen waren, die die Idee hatten, die Sonne über dem Angkor-Tempel aufgehen zu sehen. Wir suchten uns einen halbwegs guten Platz zwischen der Menschenmenge, welche aus Personen aller möglichen Kulturkreise bestand, die bereits Platz genommen hatten. Wir bekamen auch noch Plätze, auf welche wir uns setzen konnten, um von dort eine gute Sicht auf den Sonnenaufgang zu haben. Der Sonnenaufgang veränderte sich von Minute zu Minute, sodass man die Sonne förmlich aufgehen sehen konnte. Er gipfelte darin, dass ein großer, rotglühender Feuerball über dem Tempel erschien. Kaum war das Spektakel beendet, verteilten sich die Besucher der Tempelanlage und strömten Richtung Eingang des Angkor-Tempels. Da wir diesen Tempel am Tag zuvor ausgelassen hatten, um ihm am nächsten Tag unsere volle Aufmerksamkeit zu schenken, begaben auch wir uns Richtung Eingang des Tempels. Al-lein dieser Tempel ist so groß, dass wir ihn nicht komplett besichtigen konnten. Den restlichen Tag verbrachten wir, wie den Tag zuvor, in dem Areal, doch nach einigen Stunden, in von Wurzeln umwachsenen und von Urwald umgebenen Tempeln, waren wir nicht weiter aufnahmefähig und begaben uns gegen Nachmittag auf den Heimweg.

Am Abend gingen wir nochmals auf die Pub Street und nahmen an den Ständen, welche entlang der Straße aneinandergereiht waren, einen Drink und ein paar Snacks zu uns und ließen den Tag dort ausklingen.

Tag 7

Am siebten Tag unserer Reise und unserem dritten und letzten kompletten Tag in Siam Reap machten wir uns auf den Weg zu den Floating Villages. Mit einem Minibus und ein paar weiteren Touristen begaben wir uns zu den Booten, welche uns zu den Floating Villages bringen sollten. Die Route zu den Booten gestaltete sich bereits abenteuerlich, da der Bus für die vom Regen durchweichten Straßen aus Sand und Schlamm zu schwer und zu breit war, sodass er seitlich bereits in das Gewässer des Flusses sank. Da wir jedoch davon ausgingen, dass die Einheimischen wissen was sie machen, dachten wir nicht weiter darüber nach und ließen uns zu den Booten fahren.

An der Anlegestelle angekommen, wurden die Menschen unseres Minibusses, darunter selbstverständlich auch wir, auf kleine hölzerne Boote aufgeteilt. Das Boot, welches uns zugeteilt war und schon etwas in die Jahre gekommen aussah, fuhr mit einer unerwartet hohen Geschwindigkeit zu den Floating Villages. Das Bild dieser Dörfer war vor allem durch auf Stelzen stehende, selbst gezimmerte Häuser, überwiegend aus Holz und Bambus, geprägt. An jeder dieser Hütten befand sich eine kleine

Anlegestelle für ein Boot, welches entweder gerade in Gebrauch war und als Transportmittel diente oder vor den Häusern stand und von Kindern des Dorfes als Spielplatz genutzt wurde. Nach einer kurzen Fahrt durch das Dorf kamen wir an einer Art Insel an, eine zugegebenermaßen sehr kleine Insel.

Wir hatten ungefähr eine Stunde Aufenthalt auf der Insel und wurden Zeuge einer Zeremonie von Mönchen, welche durch das kleine Stück Festland der Insel zu einem Tempel pilgerten. Fast der gesamte restliche Teil der Insel bestand aus Wohnhäusern, darunter nur eine kleine Schule, in welcher die Kinder des Dorfes vor allem Englisch lernen konnten. Wir hatten zuvor ein paar Schreibmaterialien aufgetrieben, um sie den Kindern dieser Schule mitzubringen. Dies würde ich jedem ans Herz legen, der diese Art von Tagesausflug machen möchte, denn solche Dinge sind für Einheimische verhältnismäßig teuer und nicht jeder kann sich dies leisten. Wer sich nicht im Vorfeld darum kümmern konnte, den Kindern aber trotzdem eine Freude machen möchte, kann Utensilien für die Schule auch vor Ort für wenige Euros er-werben. Dabei gehen sogar die Einnahmen an die lokale Schule. In der kleinen Schule angekommen, begrüßten uns die rund dreißig Schülerinnen und Schüler der Schule mit einem kleinen Lied. Der Lehrer der Klasse plante unseren Besuch bereits ein, sodass die Kinder und wir die Chance hatten, miteinander zu kommunizieren.

Ein kleines Mädchen zog mich direkt zu sich und wir unterhielten uns mit den wenigen Worten Englisch, die das Mädchen konnte. Sie erzählte mir von ihrem Lieblingstier, welches ein Hase war und von ihrer Lieblingsfarbe, welche unschwer zu erraten war, denn sie trug ihre komplette Kleidung in strahlendem Gelb. Als auch die anderen Kinder von unserem Gespräch mitbekamen, stürzten sie sich förmlich auf mich und redeten alle auf einmal los. Sie versuchten mir einfache Klatschspiele beizubringen und nahmen mich mit nach draußen, um mit mir zu spielen. Die Stunde Aufenthalt verbrachte ich nahezu komplett mit den Kindern. Sowohl die Kinder als auch ich waren traurig als wir gehen mussten, denn wir hatten sehr viel Spaß zusammen und ich habe selten solch eine pure Freude verspürt. Wir fuhren im Anschluss mit dem Boot und unserer zufällig zugewiesenen Gruppe weiter an ein paar schwimmenden Marktständen vorbei, welche dort einen Einkaufsladen ersetzten. Zudem zu beobachten waren Käfige mit Schweinen und Hühnern, welche in einer geschickten Konstruktion unterhalb der Häuser an den Stelzen befestigt waren. Die einzige Erfahrung, welche mir als Vegetarierin dort zuwider war, war ein plötzlicher Schrei eines geschlachteten Schweines. Dabei bekam ich glücklicherweise lediglich den Schrei des Tieres mit.

Als nächster Programmpunkt fand für die Personen der Gruppe, welche dieses Ereignis gerne erleben wollten, eine Fahrt mit einem sehr kleinen Boot aus Holz in einen Mangrovenwald statt. Dabei handelt es sich um eine bestimmte Art von Bäumen, welche aus dem Wasser ragen und mit dem Boot zu umfahren waren. Ein einzigartiges Erlebnis, zu welchem ich selbst in meinen da-rauffolgenden Überseereisen nicht mehr kam. Jedes Boot hatte eine Art Fahrer, welcher dieses mit einem Paddel geschickt um die Mangroven manövrierte. Hier war es den Besuchern möglich, auf einer Art Markt, ein paar Dinge zu kaufen, welche lokal waren und sogar von Einheimischen geschaffen wurden. Wer kein Interesse an diesem Angebot hatte, konnte seine Zeit in etwas größeren Holzbooten mit etwas zu trinken und zu essen überbrücken.

Der krönende Abschluss dieses Tages war eine Sunset-Tour mit einem etwas größeren und schnelleren Boot auf dem Mekong. Der Sonnenuntergang war, wie jeder Sonnenuntergang, den ich bis dahin dort erleben durfte, wunderschön. An der Bar des kleinen Schiffes konnte man sich mit gekühlten Softdrinks versorgen und somit den Abend ausklingen lassen. Dabei als Tipp, wenn man oben an Deck den Ausblick genießen möchte, sollte man seine Wertgegenstände sowie Rucksäcke und Taschen bei sich behalten, da es schnell passiert, dass durch die Unebenheiten des Decks und des partiell fehlenden Geländers, Sachen über Bord gehen. Beachtet man jedoch diesen Tipp, hält einen nichts von einem sagenhaften Tag und Abend ab.

Die Rückfahrt in unsere Unterkunft an diesem Abend gestaltete sich, genauso wie die Hin-fahrt, abenteuerlich, doch nach einer Weile in Kambodscha gewöhnt man sich daran.

BATTAMBANG

Tag 8

Unseren letzten Morgen mussten wir erneut früh antreten, da wir an diesem Tag unsere Weiterreise geplant hatten. Diese sollte mit einem Bus der Einheimischen geschehen, was angesichts der Größe eines durchschnittlichen Kambodschaners im Vergleich zu der eines durchschnittlichen Europäers keine sonderlich komfortable Lösung war. Mit ein paar wenigen anderen europäischen Touristen traten wir unsere ungefähr dreistündige Reise nach Battambang an. Nachdem ich die erste Hälfte der Fahrt in der letzten Reihe zwischen einem jungen Kambodschaner und dessen Gepäck verbrachte, wechselte ich in der zweiten Hälfte nach vorne auf einen einzelnen Sitz. Auch hier wurde wieder ein deutlicher Unterschied zu den Sicherheitsvorkehrungen in beispielsweise Deutschland erkennbar, da mein Sitz weder eine fest arretierte Befestigung noch einen Gurt besaß, und auch der Hinweis der Dame, ich solle mich doch bitte anschnallen, brachte keinen funktionsfähigen Gurt an diesen Sitz. Trotz zahlreicher Straßenschäden und Unannehmlichkeiten wurden wir in Battambang durch die Vorbuchung unserer Unterkunft von unserem Host an dem, ich nenne es jetzt mal Busbahnhof, überraschenderweise mit einem Schild, auf dem unsere Nachnamen standen, abgeholt. Auch dieses Mal wurden drei große Koffer und drei Erwachsene in ein Tuk Tuk manövriert und sicher zu der nächsten Unterkunft gebracht.

Unser Host stellte nur einige wenige Zimmer zur Verfügung, weshalb der Umgang mit der gesamten Familie des Hosts sehr persönlich war. Unser Zimmer war gerade noch in Arbeit, weshalb wir in dem kleinen Aufenthaltsraum eine selbst gemachte Limonade sowie frische Früchte bekommen haben.

Kurze Zeit später konnten wir schließlich unser Zimmer beziehen und unsere Koffer auspacken. Auf Grund dessen, dass ich in Kambodscha eine allergische Reaktion auf einige Lebensmittel erlitt und mir zusätzlich einen Virus zuzog, wovon ich jedoch erst im Nachhinein erfahren habe, verbrachte ich den restlichen Tag in der Unterkunft. Da ich jedoch die Tage in Battambang nicht nur in meinem Zimmer verbringen wollte, machten wir einen Plan für die nächsten Tage.

Tag 9

An diesem Morgen schien es mir ein wenig besser zu gehen und das wollten wir ausnutzen. Wir hatten im Vorfeld von dem berühmten Bamboo Train gehört und wollten diesen unbedingt selbst einmal ausprobieren. Wir entschieden uns für einen Tagesausflug mit einem Tuk Tuk-Fahrer, welchen wir über den Inhaber unseres Hotels organisierten. Kurze Zeit später wurden wir abgeholt und begannen unsere Tour. Auf dem Weg zu dem Bamboo Train kamen wir an einigen Dörfern sowie an viel Natur und Tempeln vorbei. Ebenfalls hielten wir an ein paar Straßenständen an, bei welchen uns unser Fahrer erklärte, was diese Stände verkauften.

Wir kauften ein wenig der einheimischen Spezialitäten ein und ließen uns erklären, wie man diese Dinge essen sollte. Mein Lieblingssnack wurde in einem kleinen Bambusrohr gekocht, welches geschält werden musste, um an den Inhalt zu gelangen. In dem Rohr befand sich in Kokosmilch gekochter Reis mit roten Kidneybohnen. Nach der kleinen Stärkung ging unsere Fahrt weiter und endete an einem zunächst eher unspektakulären Ort. Es gab ein paar wenige Stände mit Früchten, Getränken und

Sonstigem, welche von ein paar Bäumen umgeben waren. In der Mitte des kleinen Platzes tummelten sich um ein paar Bretter auf Rollen einige wenige Touristen. Die Konstruktion, welche sich uns offenbarte, war recht schlicht gehalten. Auf vier Rädern, welche durch eine metallene Konstruktion zusammengehalten wurden, war eine Platte, geschaffen aus einzelnen Holzstriemen, angebracht. Bedeckt war diese Platte von ein paar Bambusmatten in bunten Farben. Nach einer kurzen Wartezeit wurde unsere Holzplatte in die dafür vorgesehenen Schienen gebracht und stand für uns bereit. Zusammen mit einem Mann, welcher dieses rollende Gefährt bedienen konnte, ging es los.

Durch einen Hebel an der Vorderseite des Bamboo Trains konnte der Fahrer ein wenig über die Geschwindigkeit des Gefährtes und über den Zeitpunkt des Stehenbleibens bestimmen. Die Fahrt führte mal eben, mal abwärts durch einen wunderschönen Dschungel, wo-bei Geschwindigkeiten bis zu circa 30 Kilometer die Stunde erreicht wurden. Der Wind schlug uns entgegen, was angesichts der tropischen Hitze eine angenehme Abkühlung war. Die Fahrt dauerte einige Minuten und endete inmitten des

Dschungels an einer kleinen Anlegestelle der Bamboo Trains. Vor Ort gab es wie üblich ein paar kleine Stände, an welchen man etwas erwerben und seine Wartezeit überbrücken konnte.

Zurück ging es wieder mit unserem Fahrer und einem kleinen Motor, welcher an unserem Gefährt angebracht war. Selbstverständlich dauerte der Weg zurück, welcher gleichzeitig nach oben führte, ein wenig länger, was jedoch den Vorteil hatte, den Ausblick ein wenig intensiver genießen zu können. Oben angekommen nahmen wir wieder in unserem Tuk Tuk Platz und beendeten unsere Tour.

Tag 10

Am zehnten Tag der Reise verbrachte ich nahezu den kompletten Tag in meinem Zimmer und wahlweise ein paar Stunden am Pool, da erneut eine allergische Reaktion auftrat. Auch die anderen zwei Mitreisenden entschlossen sich zu einem gemütlichen Tag, teilweise am Pool, teil-weise in der Stadt, welche recht überschaubar war. Da es mir am Abend etwas besser ging und in der Nähe eine Zirkusvorstellung eines kleinen, einheimischen Zirkus sein sollte, beschlossen wir, uns diesen anzusehen. Um das kleine Zirkuszelt herum waren, ähnlich wie von europäischen Zirkussen bekannt, kleine Hüttchen und Wagen, in welchen die Artisten wohnten. In einer großen Halle nebenan konnte man den Kindern und Erwachsenen beim Trainieren zuschauen. Die meisten trainieren für diesen Zirkus schon seitdem sie klein sind und so sind auch schon die Kinder wahre Künstler. Für viele Menschen ist dieser Zirkus die größte Leidenschaft und bietet gleichzeitig durch das Einkommen, welches der Zirkus erbringt, und die Gemeinschaft eine Perspektive für ihr Leben.

Bevor die Vorstellung begann, schauten wir uns in einem Raum nebenan eine kleine Ausstellung einer lokalen Künstlerin an, welche die Menschen des Zirkusses porträtierte. Rechtzeitig zum Einlass in das Zirkuszelt hatten wir alle Bilder begutachtet und strömten mit den anderen Besuchern, die zum größten Teil Einheimische waren, hinein. Es gab eine kleine Manege mit einem Bühnenbild und drum herum sowohl an beiden Seiten als auch vor der Manege kleine metallene Tribünen mit etwa 40 Plätzen pro Seite.

Es traten zahlreiche Artisten auf, welche alle möglichen Arten von Zirkusdarstellungen aufführten. Eine Gruppe Frauen tanzte in traditioneller Kleidung, was sehr schön zum Anschauen war, bei anderen Darstellungen stockte den Besuchern für ein paar Sekunden der Atem, da einige waghalsige Sprünge dabei waren. Auch für Kinder gab es ein paar schöne Sachen, wie zum Bei-spiel Artisten, welche Elefanten nachahmten und eine kleine Geschichte nur mit ihren Körpern versuchten zu erzählen. Es gab nach einer Dreiviertelstunde eine Pause, in welcher ich mir an einer Art Kiosk Popcorn holte. Auch die zweite Hälfte ging eine Dreiviertelstunde und endete mit einem Finale aller Artisten des Abends. Da unser Fahrer zuvor wusste, wann der Zirkus in etwa enden würde, wartete dieser bereits am Eingang und so konnten wir direkt in unsere Unterkunft zurückfahren.

Tag 11

Den letzten Tag in Battambang verbrachten wir hauptsächlich am Pool, da wir in der Nacht mit einem Nachtbus weiterreisen wollten. Schon früh am Abend mussten wir unser Zimmer verlassen und warteten in dem Aufenthaltsbereich unseres Hotels. Bei der Buchung des Nachtbusses ein paar Tage zuvor gaben wir den Namen unserer Unterkunft an und sollten dort abgeholt wer-den. Der Bus und somit auch der Zeitpunkt, zu welchem wir abgeholt werden sollten, verschob sich um ungefähr eine Stunde nach hinten, was wir zum Glück durch einen Anruf bei unserer Rezeption mitbekamen.

Abgeholt wurden wir wie üblich mit einem Tuk Tuk, jedoch mit einem, welches eine große Ladefläche besaß, auf welcher bereits einige Touristen und deren Koffer Platz genommen hatten. Wir stiegen dazu und fuhren noch bei ein paar weiteren Unterkünften vorbei und sammelten noch mehr Leute ein, solange bis sich sowohl Koffer als auch Menschen anfingen zu stapeln. Kurz bevor unser Nachtbus abfahren sollte, erlitt der Motor des Tuk Tuks einen Schaden, welcher zu-nächst nicht behoben werden konnte. Es schien zuerst als hätte der Fahrer dieses Problem öfter, doch auch nach einigen Minuten ließ sich das Problem nicht lösen. Langsam rückte der Zeitpunkt der Abfahrt näher und zum Glück sprang der Motor noch mal an und hielt bis auf ein paar Meter, welche wir aber zu der Haltestelle laufen konnten. Unsere Koffer wurden zu einem Haufen gestapelt und wir wurden von dem Buspersonal zu unseren Plätzen gebracht. Da es ein Nachtbus war, gab es in dem Bus Betten mit Vorhängen und Decken, welche man sich immer zu zweit teilte. Die Fahrt sollte ungefähr 13 Stunden dauern und wie sich herausstellen sollte, waren das 13 Stunden ohne Toilette und ohne Pause. Darauf waren auch wir nicht eingestellt. Während der Fahrt bekamen wir eine heftige Diskussion zwischen einem Reisenden und einem Einheimischen, welcher für die Busgesellschaft arbeitete, mit. Das Handy des Touristen war plötzlich verschwunden und laut Aussage anderer Mitreisender wurde es von einem der Busbegleiter gestohlen, während der Reisende schlief.

In dem ganzen Bus begann ein reges Treiben und jeder überprüfte, ob seine Wertgegenstände noch da waren. Glücklicherweise waren unsere Wertgegenstände noch vor-handen. Das Personal gab verständlicherweise nicht zu, dass sie das Handy entwendet hatten, jedoch konnte ich, nachdem wir weitergefahren waren und an einem kleinen Obststand anhielten, sehen wie das Handy an den Händler verkauft wurde. Obwohl es auch andere Zeugen gab, konnte man gegen den Diebstahl nichts machen und der Bus fuhr ohne das Handy des Touristen weiter. Wie wir später durch den Mann, welchem sein Handy entwendet wurde, erfahren mussten, ist das keine Seltenheit in Kambodscha.

An unserem Zielort Sihanoukville angekommen, stiegen wir in einen Minibus um, welcher uns zum Hafen brachte, da wir heute noch mit dem Boot auf die Insel Koh Rong wollten. Da die Klimaanlage des Minibusses nicht funktionsfähig war, beschloss der Fahrer des Busses mit offener Tür über die Schnellstraße „zu heizen". Da außer der Klimaanlage plötzlich noch ein Motor-schaden hinzukam, wollte uns der Busfahrer zunächst an einer, vom Zielort weit entfernten, Tankstelle rauslassen. Da jedoch keiner der Insassen ausstieg und auch wir das nicht vorhatten, fuhr der Bus samt defekter Klimaanlage, Motor-schaden und genervtem Busfahrer weiter. Wir waren schließlich an dem Hafen angekommen, an welchem die Boote ablegen sollten. Da wir jedoch zuvor kein Ticket gebucht hatten, weil wir unsere Zeit der Ankunft nicht konkret planen konnten, mussten wir zu einer Verkaufsstelle gebracht werden, welche ein paar Kilometer entfernt vom Hafen war. Erneut fuhren wir ein wenig planlos durch die Gegend, kamen jedoch entgegen unseren Erwartungen direkt am richtigen Ort an. Uns wurde mitgeteilt, dass das nächst-mögliche Boot schon ausgebucht war und wir uns deshalb noch eine Stunde gedulden mussten. Da wir in der Regenzeit unterwegs waren, kam der folgende Platzregen nicht unerwartet, jedoch unpassend, denn wir mussten, um rechtzeitig an Bord zu sein, eine halbe Stunde früher von der Verkaufsstelle los. Die Straßen standen unter Wasser und ich hatte zuvor noch nie so eine Menge an Regen vom Himmel fallen gesehen. Leider regnete es weiter in Strömen und wir mussten bei Sturm das kleine Boot aus Holz betreten.

Das Boot schaukelte sehr und ich muss zugeben, dass niemand der Mitreisenden wirklich entspannt wirkte, im Gegenteil, die Stimmung auf dem kleinen Schiff war sehr angespannt. Als der Regen nachließ und erneut ein paar Sonnenstrahlen durch die grauen Wolken drangen, entspannte sich die Lage auf dem Schiff und ich entschloss mich da-zu, etwas zu schlafen und mich in der Sonne zu trocknen. Nach ungefähr einer Stunde und dreißig Minuten kamen wir auf Koh Rong an. An einer kleinen Rezeption bekamen wir unseren Bungalow zugeteilt und wurden dorthin begleitet. Unsere Koffer wurden uns nach kurzer Zeit gebracht und wir bezogen unsere Hütte. Das Zimmer war auf Stelzen gestellt und aus Bambus gebaut, alles war sehr spartanisch, was zunächst kein Problem darstellte, sich aber noch ändern sollte. Da unsere Anreise recht nervenaufreibend war, freuten wir uns über ein paar Tage Ruhe am Strand. Wir inspizierten sofort unseren Strand und die dazugehörige Strandbar und bestellten uns etwas zu essen und zu trinken. Im Anschluss verbrachten wir einen gemütlichen Tag in der Sonne. Es gab keine große Auswahlmöglichkeit an diesem Strand der Insel, um genauer zu sein gar keine Aus-wahl, weshalb wir auch am Abend etwas an der Strandbar bestellten. Ein Billardtisch bot uns ein wenig Unter-haltung, doch nur bis um zwölf Uhr nachts, denn dann schloss die Bar. Da meine Mit-reisenden und ich Menschen sind, die eher lange wach bleiben und unsere Unterkunft nicht besonders einladend war, entschlossen wir uns, noch ein paar Kartenspiele zu spielen.

Die erste Nacht in der kleinen Bambushütte war nicht besonders erholsam. Trotz Moskito-netzen, welche wir zuvor so über das Bett gespannt hatten, dass sich darin keine Tiere verirren sollten, sammelten sich oben in dem Netz ein paar Käfer, was nicht besonders angenehm war. Auch wenn man in das Bad wollte, musste man einige Zeit warten, bis sich alle Tiere in ihre Ver-stecke verkrochen hatten und man ohne Besuch von Echsen und Kakerlaken die Toilette benutzen konnte. Es war nicht die angenehmste Nacht, aber der Ausblick auf einen schönen Strandtag relativierte diese Nacht.

KOH RONG

Tag 12

Da ich immer noch nicht vollständig gesund war, verbrachte ich die erste Hälfte des Tages in der Hütte, die andere Hälfte des Tages am Strand. Die paar Stunden, in welchen es mir ein wenig besser ging, verbrachte ich im Meer, auf einer Sonnenliege oder lieh mir eines der Kanus aus, welche am Strand lagen. Da an dem Strand der Insel, an welchem wir uns befanden, nicht viel zu er-leben und zu sehen war, entspannten wir die restliche Zeit und machten uns einen gemütlichen Abend in der Strandbar.

Tag 13

Am frühen Morgen entschieden wir uns dazu, einen kleinen Ausflug zu einem anderen Strand der Insel zu machen und buchten dazu ein Boot, was uns zu diesem Strand bringen sollte. Außer uns wollten noch zwei andere mit auf das Boot, wodurch jeder nur einige wenige Euros zahlte. Unser Ziel war der Lonely Beach und der Name des Strandes sollte sich noch bewahrheiten. Dort angekommen, waren außer uns keine Menschen am Strand zu sehen, lediglich eine kleine Hütte ragte zwischen ein paar hohen Palmen hervor. Wir verbrachten den kompletten Vormittag und Mittag an dem Bilderbuch-Strand. Nach einigen Abkühlungen im Meer und einem Strandspazier-gang entschieden wir uns dazu, uns auf den Rückweg zu machen. Da wir uns entscheiden konnten zwischen der Abholung an dem Strand per Boot, und dem Rückweg per Fuß durch den Dschungel, entschieden wir uns für letzteres. Um den Heimweg bestreiten zu können, fragten wir an der einzigen Hütte, die es an dem Strand gab, nach einer Wegbeschreibung und wie es der Zufall wollte, war der Mann, welchen wir hinter der Theke antrafen, ein Deutscher. Er malte uns den Weg, welcher zurück zu unserem Strand führen sollte, auf und erklärte uns, dass, wenn wir an einem Büffel vorbeikommen und zwei Kinder, ein Junge und ein Mädchen, uns von einer Terrasse einer Hütte zuwinkten, wir auf dem richtigen Weg waren. Doch bevor wir die Kinder erreichen sollten, mussten wir über eine Brücke gehen und einen Fluss überqueren. Eine nähere Beschreibung unseres Rückwegs bekamen wir nicht mehr. Wir beschlossen unsere kleine Reise anzutreten, da es langsam schon spät wurde und uns der Mann mitteilte, dass der Weg länger dauern würde als wir dachten.

Der Fluss von welchem die Rede war und die dazugehörige Brücke entpuppten sich als ein kleines Gewässer, welches mit zwei dünnen Holzbrettern überquert werden musste. Da ich auf angemessene Kleidung verzichtet hatte, ließen sich zwei große gelbe Spinnen auf mir nieder, was ich jedoch erst bemerkte, als diese mich gebissen hatten. Ich spazierte in meiner kurzen Hose und meinen Flip-Flops weiter und stellte fest, dass sich anderes Schuhwerk gelohnt hätte. Wir kamen, wie besprochen, an einem Büffel und winkenden Kindern vorbei, doch wie sich herausstellte, waren es sowohl die falschen Kinder als auch der falsche Büffel, denn wir hatten uns verlaufen. Weit und breit waren nur Felder und ein paar Bäume zu sehen, an manchen Stellen des Weges ähnelte das Areal einem Dschungel, an anderen einer Art Wüste. Wir trafen nur selten auf Menschen, doch diese konnten oft entweder kein Englisch oder wussten nicht, wo wir hinwollten. Wir irrten ein paar Stunden in der Gegend herum und hatten langsam Sorge, es nicht mehr vor Anbruch der Dunkelheit zu unserer Unterkunft zu schaffen. Glücklicherweise trafen wir zwei junge Damen, welche im Besitz eines Handys und einer Offline-Google Maps-Karte waren. Sie hatten das gleiche Ziel wie wir vor Augen und so folgten wir ihnen solange, bis wir nach einer weiteren halben Stunde an unserem Strand ankamen. Wir waren überglücklich, denn nur ein paar Minuten später wurde es bereits dunkel. Auch die Menschen, welche an der Rezeption arbeiteten, hatten sich langsam Sorgen gemacht, denn wie wir erfuhren vermerkten sie jede Person, welche von dort einen Ausflug antreten wollte.

Da wir von dem Spaziergang, welcher zu einer Wanderung wurde, ziemlich erledigt waren, ließen wir hier unseren Tag enden.

Tag 14

Den letzten Tag auf der Insel verbrachten wir, nachdem wir unsere Koffer gepackt hatten, am Strand und warteten auf unser Schiff, welches uns zurück zum Festland bringen sollte. Wir wurden abgeholt und nach Sihanoukville gebracht. Von dort aus fuhren wir direkt per Minibus weiter nach Kampot. Die Fahrt von Sihanoukville nach Kampot dauerte circa drei Stunden und auch in diesem Bus funktionierte die Klimaanlage nicht. Wir kamen am selben Tag noch in Kampot an und waren heilfroh darüber, wieder vier stabile Wände um unser Bett herum zu haben und keine Tiere, welche uns den Schlaf deutlich erschwerten. Da es bereits Zeit für ein Abendessen war, machten wir noch einen kleinen Ausflug in die Stadt, um etwas zu essen.

KAMPOT

Tag 15

Da wir nur einen Tag in Kampot hatten, wollten wir diesen richtig nutzen. Wir buchten eine Tagestour, welche uns zu einer Pfefferplantage, einigen kleineren Tempeln sowie zu einem großen Tempel auf einem Berg in der Nähe einer Höhle voll mit Fledermäusen bringen sollte. Für den Abend buchten wir eine Bootsfahrt, bei welcher wir Glühwürmchen zu sehen bekommen sollten.

Unsere Tour startete damit, dass wir mit dem Tuk Tuk abgeholt wurden. Unser Fahrer war schon ein wenig älter und erzählte uns einiges über die Geschichte Kambodschas, da er einiges davon selbst miterlebt hatte und durch seine Zwangsarbeit als Minenentschärfer auf einer Seite sein Augenlicht verloren hatte. Die Fahrt mit ihm war wahnsinnig interessant und wir erfuhren viele neue Dinge über Kambodscha. Wie zum Beispiel, dass damals während des Vietnamkrieges auch Kambodscha stark betroffen war und viele Menschen gestorben sind. Nach einer langen und schönen Fahrt durch die Natur Kambodschas kamen wir zu einer Pfefferplantage, welche berühmt für Kampot ist. Zu der

Pfefferplantage gehörte auch eine Obstplantage mit den unter-schiedlichsten Obstsorten. Nach einem circa einstündigen Aufenthalt ging es für uns weiter zu einem Tempel auf einem hohen Berg. Da wir die Hitze und die hohe Luftfeuchtigkeit unterschätzt hatten, begannen wir zunächst den Berg per Fuß zu erklimmen. Auf halbem Weg jedoch ent-schieden wir uns dafür, eines der vielen Taxen, welche die Besucher hoch zu dem Tempel fuhren, zu nehmen, um uns die ganze Sache leichter zu machen. Oben angekommen, wurden wir von ein paar Affen empfangen, welche keine Scheu vor Menschen zeigten. Wir begutachteten den Tempel und genossen die Aussicht. Der Abstieg war deutlich einfacher, da dieser über Stufen erfolgte, dauerte jedoch auch seine Zeit. Als letzter Punkt der Tour stand die Fledermaushöhle auf dem Programm, doch die Fledermäuse wollten an diesem Tag nicht fliegen und um rechtzeitig zu unserer geplanten Bootstour zu kommen, machten wir uns auf den Rückweg. Wir wurden direkt an dem Anlegeplatz herausgelassen und konnten den Abend im funkelnden Licht der Glühwürmchen genießen.

PHNOM PENH

Tag 16

An dem sechzehnten Tag unserer Reise führte uns unser Weg zurück nach Phnom Penh, da unsere Reise bald enden sollte. Wir kamen nach drei Stunden Fahrt wieder in unserer Unterkunft der ersten paar Tage an und beschlossen erneut, den Nachtmarkt zu besuchen, um noch ein paar Mitbringsel zu besorgen.

Tag 17

An unserem letzten vollständigen Tag in Kambodscha wollten wir das Gefängnis von Phnom Penh besichtigen, welches geschichtlich gesehen zu den Killing Fields gehört. Das Gefängnis, in welchem zahlreiche Menschen sterben mussten, ist relativ so erhalten, wie es damals aussah. Einige Szenen, wie zum Beispiel Foltermethoden wurden durch Nachbauten der Foltergeräte und Statuen, welche die Menschen repräsentieren sollten, dargestellt. Auch hier gab es einen Audio-guide mit dazugehörigen Stationen. Man sollte sich ausreichend Zeit für das Gefängnis nehmen, da die Zeit, die man darin verbringt für mein Empfinden sehr belastend ist. An einigen Stellen ist das Gefängnis genauso, wie man es nach der Befreiung einiger weniger Menschen vorgefunden hat. So befindet sich zum Beispiel, wenn man in eines der Obergeschosse des Gefängnisses geht, eine riesige Blutlache auf dem Boden, welche nicht vollständig bereinigt wurde oder nicht vollständig bereinigt werden konnte. Im oberen Stockwerk gibt es einen Gebetsraum für die Menschen, die einen solchen in dieser Situation gerne nutzen würden. Es gab einige spannende Informationen wie beispielsweise der Fakt, dass die oberen Stockwerke mit einem Drahtgitter und einem Netz versehen wurden, damit sich die Menschen nicht selbst das Leben nehmen konnten, sondern auf qualvollere Weise sterben mussten. Der untere Bereich des Gefängnisses wurde zu einer Art Museum umfunktioniert, in welchem zahlreiche Fakten sowie Foltermethoden und die Geschichte einiger Menschen, welche dort sterben mussten, vorgestellt wurden. Ein bedrückender, aber auch interessanter und zum Nachdenken anregender Tag. Wir verbrachten einen entspannten Abend am Pool und packten unsere Koffer.

Tag 18

Tag achtzehn und damit unser letzter Tag in Kambodscha begann mit einem ausgiebigen Frühstück und einer anschließenden Fahrt zum Flughafen, an welchem unsere Reise endete.

Kambodschas Vergangenheit

Hervorgegangen ist Kambodscha aus dem Reich Kambuja, vom 9. bis zum 15. Jahrhundert. Aus dieser Zeit gehen beispielsweise die Ruinen Angkors hervor, welche zum UNESCO-Weltkulturerbe gehören. 1953 wurde Kambodscha, nachdem das Land 1863 unter französische Vorherrschaft kam, unabhängig. Nachdem Kambodscha zunächst von den militärischen Konflikten in Indochina verschont blieb, wurde das Königreich 1970 nach einem Militärputsch in den Zweiten

Indochinakrieg hineingezogen.

1975 bis 1978 erlebte Kambodscha das wohl dunkelste Kapitel in seiner Geschichte. Die Roten Khmer mit ihrem Anführer Pol Pot wollten einen sozialistischen Bauernstaat errichten, in welchem jeder, der nicht in das neue Bild des perfekten Bürgers reinpasste, umgebracht werden sollte. Nach der Machtübernahme begannen die Roten Khmer Massenexekutionen der eigenen Bevölkerung. Dabei wurden Mönche, Brillenträger, Menschen mit Fremdsprachenkenntnissen, die Oberschicht, Intellektuelle, führende Militärkommandanten und wie uns erzählt wurde auch Menschen mit weichen Händen umgebracht. In dieser Zeit wurden schätzungsweise bis zu 2 Millionen Menschen auf schreckliche Art und Weise ermordet. Die Hauptstadt Phnom Penh wurde von den Roten Khmer in rund zwei Tagen fast vollständig entvölkert. 1978 versuchte die vietnamesische Armee die Schreckensherrschaft zu beenden und marschierte nach Kambodscha ein. Das Land wurde in Volksrepublik Kampuchea umbenannt. Da die vietnamesische Besatzung von den USA, China und Thailand als aggressiver Akt gegen die Selbstbestimmung des Volkes gesehen wurde, unterstützten diese weiterhin Pol Pot, den Anführer der Roten Khmer. 1982 waren die Roten Khmer immer noch die stärkste militärische Kraft, jedoch wurde in diesem Jahr die Koalitionsregierung Demokratisches Kampuchea (CGDK) gegründet, welche international als Exilregierung anerkannt wurde. Somit konnten Übergriffe auf kambodschanisches Territorium regel-mäßig zurückgeschlagen werden. Erst Mitte der 1990er Jahre konnte den Guerilla-Kämpfen der Roten Khmer erst durch die Änderung der Unterstützungspolitik der USA und Chinas ein Ende gesetzt werden. Ab Juli 1991 endete durch die Pariser Konferenz ein dreizehnjähriger Krieg und die Waffen ruhten.

All diese Ereignisse werden bei den Killing Fields und dem Völkermordmuseum Tuol Sleng dokumentiert.

Tipps und Wissenswertes

Im Folgenden werde ich ein paar persönliche Tipps nennen, welche mir auf meinen weiteren Asienreisen einige Unannehmlichkeiten erspart haben sowie Freude brachten.

Tipp Nummer eins:

Mein nahezu wichtigster Tipp im Nachhinein ist, dass man Getränke stets ohne Eis bestellt und dies auch ausdrücklich dazusagt. Da Eiswürfel quasi immer aus nicht abgekochtem Leitungswasser gemacht werden und der europäische Magen dieses Leitungswasser oft nicht verträgt, sollte man auf Eiswürfel verzichten. In dem Leitungswasser befinden sich viele Bakterien, welche mit den uns bekannten nicht übereinstimmen und welche wir somit nicht vertragen. Auch ich musste diese Erfahrung machen und zog mir vermutlich dadurch das Virus zu, welches erst wieder in Deutschland angekommen entdeckt wurde.

Tipp Nummer zwei:

Der nächste Tipp wäre durch mein Erlebnis mit dem Diebstahl in dem Nachtbus, selbstverständlich seine Wertgegenstände bei sich zu behalten. Falls man, wie wir, ebenfalls mit einem Nacht-bus reist, sollten die Wertgegenstände jedoch nicht direkt am Körper getragen werden beziehungsweise nicht unter dem Kopfkissen oder auf dem Bauch liegen, da das Personal oder auch andere Reisende es oft einfach haben, diese Gegenstände zu entwenden. Viel mehr Sicherheit bietet eine Tasche, in welcher besagte Gegenstände verstaut werden. Diese sollte entweder von Füßen bedeckt werden oder direkt neben einem stehen. Dabei nicht unratsam ist es, falls die Tasche oder der Rucksack zwei Reißverschlüsse besitzt, diese mit einem kleinen Schloss zu versehen, damit, auch wenn man tief und fest schläft, keiner die Möglichkeit hat, unbemerkt etwas heraus-zunehmen.

Tipp Nummer drei:

Als Europäer sollte man keine Scheu davor haben, oft über längere Zeit hinweg angeschaut und fotografiert zu werden. Ich selbst bin 1,76 Meter groß, ziemlich hell vom Teint und habe blonde Haare. Ich gelte in Kambodscha als außergewöhnlich und zu der Zeit, in welcher ich Kambodscha besuchte, waren im Vergleich zu anderen asiatischen Ländern, wenig Touristen unterwegs. Schon bei der Fahrt in unsere erste Unterkunft wurde uns vor allem von vielen Kindern zugewinkt. In der Hauptstadt sowie in kleineren Dörfern und Städten wurden wir nahezu immer begutachtet. Am Anfang empfand ich persönlich das als ein wenig unangenehm, da ich nicht sicher war ob sie es taten, weil es ihnen unrecht war, dass wir ihr Land besuchten oder einfach nur weil in dieser Region nicht sonderlich viele hellhäutige, große Menschen auftauchten. Die Kinder waren uns gegenüber immer positiv gestimmt, bei manchen älteren Personen konnte man sich nicht sicher sein.

Auch bei Aktivitäten wie dem Kochkurs wurde ich gefragt, ob es für mich in Ordnung wäre, mit dem Leiter des Kurses zusammen, ein Bild machen zu lassen. Auch auf der Straße oder beim Essengehen passierte das einige Male. Ich würde jedem empfehlen, diese Fotos zuzulassen, da sich die Menschen wahnsinnig darüber freuen und es einem selbst nicht schadet.

Die interessanteste Fotoaktion passierte mir persönlich vor einem Tempel. Da es mir zu heiß war, setzte ich mich auf eine Bank vor einem Tempel, um mich kurz ein wenig auszuruhen. Weitere Touristen waren vor Ort, darunter auch eine Gruppe von Menschen, welche indischer Herkunft waren. Zwei Frauen setzten sich, ohne mich zu fragen, neben mich und begannen Selfies mit mir zu machen. Im Anschluss setzten sich weitere Frauen dazu, welche ihre Männer baten, ein paar Fotos zu machen. Ich konnte mich quasi gar nicht dagegen wehren und bis heute frage ich mich, ob ich einem indischen Star ähnlich sehe, denn in solch einer Form ist mir das auch in den folgenden asiatischen Ländern, welche ich bereiste, nie mehr passiert.

Wie bereits erwähnt, wurden wir von einem japanischen Filmteam aufgenommen. Auch dabei wurden wir nicht nach unserer Erlaubnis gefragt. Deshalb empfehle ich jedem, offen mit dem Thema Film und Fotografie in diesem Land umzugehen.

Tipp Nummer vier:

Mein nächster Tipp ist eine einfache Maßnahme, um teilweise unangenehme Gespräche nicht führen zu müssen.

Ich unterhielt mich in Kambodscha mit vielen Einheimischen über alles Mögliche. Oft über die Geschichte Kambodschas oder über kulturelle Unterschiede, jedoch kam es auch öfter mal vor, dass ich und auch meine Mitreisenden nach unserem Familienstand gefragt wurden, wobei ich zunächst ehrlich antwortete und mir nichts dabei dachte. Jedoch kam es auch vor, dass nach ein paar Minuten plötzlich der Sohn der Familie, mit welcher ich mich unterhielt, auftauchte und die Familie ihn mir anpries. Ich musste mir eine halbe Stunde anhören, wie schlau der Sohn war und was er alles so konnte. Es war nahezu unmöglich, mich aus dem Gespräch zu befreien und seit dem Zeitpunkt antwortete ich auf die Frage, ob ich eine Familie hätte, immer mit ja.

Tipp Nummer fünf:

Der Tipp ist wahrscheinlich in manchen Regionen stark zu empfehlen. Man sollte nie abends al-lein un-terwegs sein. Auch wenn Kambodscha als friedlich gilt und es verhältnismäßig wenige Verbrechen gibt, kommt es auch dort immer wieder zu gefährlichen Übergriffen. Da Kambodscha als korrupt gilt, besitzt das Land sogar eine eigene Polizei für Touristen, welche nach unserer Erfahrung jedoch weder Englisch spricht noch eine wirkliche Hilfe ist. Da dort einige Dinge mit Geld geregelt werden, kann oft im Notfall auch die Polizei nicht weiterhelfen, da interne Gelder fließen. Wenn man sich normal verhält, sollten keine Probleme auftauchen, jedoch sollte man mit Statements gegenüber der Regierung vorsichtig sein, da wir von einigen Einheimischen mitbekamen, dass Touristen wegen solchen Äußerungen Probleme bekommen haben. Es lohnt sich immer, mindestens zu zweit unterwegs zu sein und die Adresse der Unterkunft bei sich zu tragen, damit es bei eventuellen Komplikationen eine Anlaufstelle gibt.

Tipp Nummer sechs:

Ein Tipp, welcher zunächst lächerlich klingt, jedoch bei genauerem Nachdenken gar nicht so eine schlechte Idee ist. In manchen Regionen des Landes gibt es viele Straßenhunde, welche teil-weise durch die schlechten Erfahrungen mit Menschen einge-schüchtert und angriffslustig sind. Kann man mal einer Gasse, in welcher schon von weitem Hundege-bell ertönt, nicht ausweichen, gibt es einen einfachen Tipp, um sich nicht mit den Hunden anlegen zu müssen. Der Trick besteht schlicht und ergreifend darin, mit imaginären Steinen zu werfen, dies lässt die Hunde zurück-schrecken.

Tipp Nummer sieben:

Offlinekarten von Google Maps! Als ich damals in Kambodscha war, war ich mir noch gar nicht dar-über im Klaren, dass es sowas ja gibt. Auch meine Mitreisenden nicht. Es lohnt sich im Vorfeld der Reise die Offlinekarte des Ankunftsortes herunter-zuladen, da man dann auch ohne Internet alles fin-det, was sich in der Region befindet. Besonders hilfreich ist dies, wenn man einen Ausflug macht und zurück zu der Unterkunft finden will. Auch um Supermärkte in der Umgebung zu finden ist das sehr praktisch. Am meisten hätten uns diese Karten geholfen, als wir uns im Dschungel verlaufen hatten, denn wenn wir die anderen Personen nicht getroffen hätten, hätte unsere kleine Wanderung noch ewig dauern können.

Tipp Nummer acht:

Dieser Tipp bezieht sich auf das Reisen innerhalb des Landes. Der Autoverkehr nimmt in Kambodscha immer weiter zu und auch Motorräder prägen das Stadtbild, weshalb Fußgänger und Fahrradfahrer vor allen in den Großstädten ein wenig achtgeben müssen. Für die Verbindung innerhalb einer Stadt und für nicht allzu weite Strecken lohnt sich immer ein Tuk Tuk, da dieses durch den Fahrtwind sehr angenehm ist und eine willkommene Abkühlung bietet. Zudem sind sie günstig und durch die einheimischen Fahrer erfährt man oft einiges über das Land und bekommt zusätzlich eine kleine Stadtführung. Von der Ausleihung eines Motorrollers würde ich abraten, da es durch die unklaren Straßenregeln, oder zumindest das nicht daranhalten, zu vielen schwerwiegenden Unfällen kommt, bei denen häufig Motorroller beteiligt sind und nicht selten vor allem Touristen. Die dreiste Fahrweise erschwert einem das Vorankommen im Stadtverkehr, wes-halb oft kurze Wege lange dauern. Auch aus diesem Grund ist ein Tuk Tuk ratsam, da man mit diesem kleinen wendigen Gefährt die Staus oft umgehen kann. Für eine weitere Strecke würde ich entweder einen Minibus oder einen Bus der Einheimischen empfehlen, da die Straßen verhältnismäßig gut ausgebaut sind, und die Busfahrt relativ angenehm und vor allem günstig ist. Am besten bucht man die Busfahrten vor Ort, wenn man genau weiß, wann man weiterreisen möchte. Dies kann man oft über die Rezeption der Unterkunft machen, oder sonst über das Internet. Folgende Tipps beziehen sich auf Vorkehrungen, welche vor der Reise getroffen werden sollten.

Tipp Nummer neun:
Die Frage danach, ob man ein Visum benötigt, muss ich mit ja beantworten. Man kann sich ein Visum direkt bei Einreise machen lassen, diese Option haben wir gewählt und hatten damit keine Probleme,

jedoch ist es wichtig zu wissen, dass man ein Pass-bild und ein wenig Zeit mit-bringen muss. Wenn man möchte, dass der Ablauf ein wenig reibungslo-ser funktioniert lohnt es sich, ein wenig mehr Geld zu den Unterlagen zu legen, da dies einiges bewirken kann. Man kann jedoch auch ein Visum vorab online beantragen.

Tipp Nummer zehn:

Ebenfalls lohnt es sich, vorab ein paar Doller und ein paar Riel anzufordern, damit man direkt den Weg zur Unterkunft bezahlen und die oft hohen Tausch-gebühren am Flughafen umgehen kann.

Tipp Nummer elf:

Es lohnt sich auch zuvor eine kleine Packliste herun-terzuladen, damit man nichts Wichtiges vergisst, denn falls das der Fall ist, ist es nicht bei jedem Ge-genstand ganz einfach, die vergessenen Sachen vor Ort zu besorgen.

Tipp Nummer zwölf:

Ein für mich weiterer wichtiger Tipp, welchen ich nach meinem Erlebnis mit dem vorüber-gehenden

Kofferverlust seither immer befolge, ist, seine Wertgegenstände sowie Sachen, die für einen persönlich viel Wert haben, immer mit in das Handgepäck zu nehmen. Auch ein paar dünne Klamotten, damit man diese wechseln kann, sind ratsam.

Tipp Nummer dreizehn:

Bei der Buchung des Fluges lohnt es sich, einige Flughäfen zu vergleichen, da die Preise sehr variieren können. Dabei rentiert es sich vor allem zu überprüfen, welches Bundesland in der Nä-he eventuell gerade im Vergleich zu seinem eigenen Bundesland keine Ferien hat. Die Preise der Flüge in den Ferien sind häufig teurer als jene Preise außerhalb der Ferien. Das Portal Skyscanner vergleicht alle Fluglinien, welche zum angegebenen Zeitpunkt und jeweiligen Abflughafen alle möglichen Flüge anbieten. Hierbei lohnt es sich, sowohl den Abflughafen als auch den Tag des Abfluges zu variieren, falls man diesen Spielraum besitzt. Manche Tage und Flughäfen sind deutlich günstiger und so lassen sich bis, nach meinen Erfahrungen, zu 300 Euro sparen.

Highlights

Es gibt viele faszinierende Sehenswürdigkeiten in Kambodscha und einige, die man gesehen haben kann, aber nicht muss.

Da vermutlich jeder, der Kambodscha bereist, in Phnom Penh einen Stopp macht, lege ich in dieser Stadt jedem ans Herz, die Killing Fields und das Gefängnis von Phnom Penh zu besichtigen, solange man sich das emotional zutraut. Zwei Dinge, welche mich auch im Nachhinein noch völlig fasziniert haben.

Auch die Floating Villages muss man gesehen haben. Nicht nur die Lebensform auf dem Wasser ist

beeindruckend, sondern auch die Menschen, die dort leben und die Art und Weise, wie sie es tun. Die strahlenden Kinderaugen zu sehen, die sich über die mitgebrachten Sachen freuten und die es wert-schätzten, dass man sich Zeit für sie nahm, war eines der schönsten Erlebnisse für mich. Nicht nur eines der schönsten Erlebnisse in Kambodscha, sondern auch auf all meinen Rei-sen.

Auch Angkor Wat muss man gesehen haben, am besten nimmt man sich dafür sogar zwei Tage Zeit, um nicht in Hektik zu verfallen. Meiner Meinung nach darf man Kambodscha nicht verlassen, solange man nicht die Tempelstadt gesehen hat. Da man auch an einem Besuch der Stadt Siam Reap nicht vor-beikommt und Angkor Wat nicht weit von der Stadt entfernt ist, gibt es keine Ausrede, das Areal nicht zu sehen.

Auch der Bamboo Train in Battambang ist ein absolutes Highlight, welches sogar in vielen Listen von Dingen, die man erlebt haben muss, vorkommt. Auch die Fahrt dorthin ist ein Erlebnis für sich und lohnt sich.

Als nächstes Highlight würde ich den Lonely Beach bezeichnen, ein Strand, welcher seinem

Namen gerecht wird und welchen ich so, zumindest im asiatischen Raum, nicht mehr erlebt habe. Wer jedoch schon zahlreiche schöne Strände gesehen hat und Kambodscha eher aus kultureller Sicht und nicht zum Entspannen erleben will, muss nicht zwingend die Reise nach Koh Rong auf sich nehmen.

Ebenfalls nicht zwingend gesehen haben, muss man die Pfefferplantage in Kampot. Wer zum ersten Mal in Asien ist, sollte dieses Angebot der Besichtigung mitnehmen, wer jedoch schon ein paar Plantagen in Asien gesehen hat, muss diese nicht zwingend miterleben. Zwar sind in den meisten asiatischen Ländern eher Kaffee- oder Teeplantagen üblich zu besichtigen und die Pfefferplantage unterscheidet sich von diesen, jedoch würde ich persönlich diesen Part der Reise aus-lassen, wenn ich nicht die für meine Route angegebene Zeit hätte.

Auch den Zirkus, welcher sehr schön anzusehen und einzigartig war, hätte ich, wenn ich nicht die nötige Zeit gehabt hätte, von meiner Planung gestrichen.

Warum sich Kambodscha lohnt

Die Reise nach Kambodscha ist eine perfekte Kombination aus Urlaub und Kulturreise. Man erfährt wahnsinnig viel über das Land und seine Geschichte und kommt mit vielen Einheimischen in Kontakt. Durch die Möglichkeit viele Transportmittel zu nutzen, welche auch Kambodschaner benutzen, bekommt man als Urlauber auch in kurzer Zeit ein Gefühl für Land und Leute. Die meisten Menschen dort sind sehr hilfsbereit und freuen sich über den Kontakt zu Menschen und zu

Kulturen, welche sie in ihrem Land nicht besonders häufig antreffen. Der kulturelle Aus-tausch ist sehr interessant und lässt einen die Sicherheit und den Wohlstand in Europa sehr zu schätzen wissen. Wer Kambodscha so bereist wie wir, sprich in kleinen und einfachen Unterkünften übernachtet, mit teilweise öffentlichen Verkehrsmitteln fährt und einheimische Restaurants besucht, bekommt einerseits viel von der Kultur mit und kann andererseits super günstig reisen. Der Flug nach Kambodscha nimmt wohl den größten Teil des Budgets ein, der Rest der Kosten kann sehr niedrig gehalten werden.

Kambodscha ist eine perfekte Kombination aus Kultur und Natur und kann jeder Person das besondere Etwas bieten. Ganz egal, ob man eher für das Großstadtleben oder den Strand zu haben ist, eher abenteuerlustig ist oder sich lieber ein wenig entspannt, jeder kommt auf seine Kosten.

Allein durch seine einzigartigen Sehenswürdigkeiten würde ich jedem, der gerne Länder bereist, eine Reise nach Kambodscha ans Herz legen. Auch andere asiatische Länder besitzen Tempel und zahlreiche schöne Regionen, jedoch keine Tempelstadt wie Angkor Wat. Es gibt so viele kulturelle Dinge, die man nur dort erleben kann und das Zusammenspiel aus Kultur und Natur macht Kambodscha zu einem einzigartigen sehenswerten Erlebnis.

Ich hoffe, ich konnte Ihnen Lust auf das Land Kambodscha machen und Ihnen zahlreiche interessante Tipps und Anregungen für Ihre Reise geben.

Packliste

Geld & Finanzen

O (evtl.) Auslandswährung

O Bargeld

O Bauchtasche

O Brustbeutel

O Bauchtasche

O EC-Karte

O Kreditkarte

O Notfall-Telefonnummern der Banken

O Portmonee

Hygiene

O Haarbürste / Kamm

O Deo (klein)

O Shampoo

O Kulturtasche

O Sonnencreme

O Taschentücher

O Reise-Zahnbürste und Zahnpasta
O Verhütungsmittel

Kleidung

O Badeklamotten
O Gürtel
O Hosen kurz / lang
O Mütze / Cap / Hut
O Pullover
O Regenjacke
O Schlafanzug
O Socken
O Sonnenbrille
O Sportklamotten / Jogginghose
O T-Shirts
O Unterwäsche

Medikamente

O Blasenpflaster
O Anti-Durchfalltabletten
O Erste-Hilfe-Set

O Fiebertabletten

O Fiebertabletten

O Mückenschutz

O sonstige Medikamente

O Pflaster

O Kopfschmerztabletten

Unterlagen & Papiere

O ADAC Unterlagen

O Adresslisten für Postkarten

O Krankversicherungsnachweis

O Stadtplan

O Führerschein

O Unterlagen für die Unterkunft

O Wasserdichte Hülle für Reiseunterlagen

O Impfausweis

O Mietwagenunterlagen

O Personalausweis

O Reisepass

O Reisetagebuch

O evtl. Studentenausweis

O evtl. Visum
O Zug- / Bahn- / Flugticket

Taschen & Rucksäcke

O Koffer / Trolley / Reisetasche
O Regenhülle für Rucksack
O Rucksack

Schuhe

O Badeschlappen / Hausschuhe
O Schuhe und Wechselschuhe

Sonstiges

O Brille / Kontaktlinsen und Etui
O Buch zum Lesen
O Ohrenstöpsel und Schlafmaske
O Regenschirm
O Reisedecke
O Wasserflasche
O Wörterbuch

Elektronik

O Digitalkamera
O Handy
O Ladekabel
O Kopfhörer
O evtl. Steckdosenadapter
O Power-Bank

Herstellung und Verlag:

BoD – Books on Demand, Norderstedt

ISBN: 9783751921602

© Birgit Deckert 2020

1. Auflage

Kontakt: Psiana eCom UG/ Berumer Str. 44/ 26844 Jemgum

Covergestaltung: Fenna Larsson

Coverfoto: depositphotos.com